PAULINE
UND DIE REISE
DER BUCHSTABEN

wellhausen & marquardt
Mediengesellschaft

PAULINE

PAUL

PAULA

www.reise-der-buchstaben.de

Für Leo, Oskar und Milla

Idee & Text
Carolin Henk

Illustrationen
Sebastian Stark

Herausgeber
Tom Wellhausen
Sebastian Marquardt

Verlag
Wellhausen & Marquardt Mediengesellschaft bR
Hans-Henny-Jahnn-Weg 51
22085 Hamburg

Telefon: 040 / 42 91 77 – 0
Telefax: 040 / 42 91 77 – 199
E-Mail: post@wm-medien.de
Internet: www.wm-medien.de

Layout & Satz
Jannis Fuhrmann
Bianca Kunze

Druck
Grafisches Centrum Cuno GmbH & Co. KG
Gewerbering West 27
39240 Calbe

Telefon: 03 92 91 / 428 – 0
Telefax: 03 92 91 / 428 – 28
Internet: www.cunodruck.de

Pauline im Internet
www.reise-der-buchstaben.de

ISBN 978-3-939806-03-5

PAULINE
UND DIE REISE DER BUCHSTABEN

Eine spannende Reise
durch das Alphabet

Von Carolin Henk
mit Bildern von Sebastian Stark

Die Sonne war noch nicht einmal aufgegangen, als die kleine Dampflokomotive Pauline bereits die Augen aufschlug. Sie konnte einfach nicht mehr schlafen. „Heute wird ein ganz besonders schöner Tag", sagte Pauline aufgeregt.

Sie blickte nach draußen. Alles war noch ganz dunkel und ihre beiden Waggons Paul und Paula standen ruhig auf ihren Plätzen und schnarchten. „Aufwachen", rief Pauline laut. „Wir müssen um acht Uhr am Bahnhof sein."

Paul, der kurze blaue Waggon, öffnete langsam die Augen: „Ach ja", sagte er verschlafen „wir haben ja heute eine Sonderfahrt zum Meer." Er drehte die Augen zur Seite und sah Paula an, die noch selig schlummerte: „Hast du gehört Paula? „Wir müssen aufstehen."

Paula war genau wie Paul auch ein kurzer Waggon,

aber im Gegensatz zu ihm war sie rot. Paula blinzelte nur kurz und machte die Augen sofort wieder zu. „Es ist ja noch ganz dunkel draußen", beschwerte sich Paula. „Außerdem bin ich noch müde. Pauline, reicht es nicht, wenn du heute nur Paul ankoppelst? Dann kann ich noch weiterschlafen."

„Das kommt gar nicht in Frage", sagte Pauline streng. „Heute ist ein ganz besonderer Tag, denn wir dürfen die Buchstaben ans Meer fahren. Hast du das etwa vergessen? Ich brauche heute die Hilfe von zwei Waggons. Paul hat nur 13 Sitzplätze und wir benötigen für alle Buchstaben insgesamt 26. Los, du Schlafmütze, mach endlich die Augen auf!" Plötzlich war Paula hellwach. „Die Buchstaben", rief sie erfreut. „Die hatte ich wirklich ganz vergessen."

Nun konnte es Paula gar nicht schnell genug gehen. „Los Paul, ankoppeln!" rief sie und fuhr auch sogleich hinter Paul, um sich an ihm anzukoppeln. Dann machte es zweimal „klick" und Pauline war abfahrbereit. „Auf geht's zum ersten Bahnhof", rief Pauline fröhlich und stieß einen Freudendampfer aus. „Das A wartet schon auf uns."

Das A war gerade auf dem Bahnsteig eingetroffen, da

rollte Pauline auch schon im Bahnhof ein. Mit quietschenden Rädern brachte sie ihren kurzen Zug zum stehen. Paul öffnete seine blaue Waggontür.

„Bitte einsteigen" rief Pauline. Das ließ sich das A nicht zweimal sagen und sprang sofort in den blauen Waggon. „Ah" sagte das A aufgeregt. Alle Plätze sind noch leer, da kann ich mir einen aussuchen." Das A setzte sich gleich auf den ersten freien Platz am Fenster. Gerade als es sich hingesetzt hatte, pfiff Pauline zweimal kräftig und dann ging die Fahrt auch schon weiter.

An der nächsten Station warteten schon das **B**, das **C** und das **D**.
„Da kommt die Dampflok, da kommt die Dampflok", rief das **D** dauernd und
nervte damit besonders das **B**. „Bitte", sagt das **B**, „kannst du bitte damit
aufhören? Ich sehe selbst, dass der Zug einrollt, ich bin ja nicht blind!"

Pauline kam zum Stehen und Paul öffnete wieder seine Tür. „Bitte alles einsteigen", rief er – und **B**, **C** und **D** hüpften vergnügt in den Zug. „Ah" sagte das A, ich bekomme Gesellschaft. Wie schön, setzt euch zu mir." Das **C** und das **D** setzten sich dicht neben das A, nur das **B** blieb noch einen Moment stehen. „Könntet ihr bitte noch ein Stückchen rücken? Ich habe einen dicken Bauch und brauche besonders viel Platz." Das A und das **C** rückten ein bisschen auseinander, sodass sich das **B** bequem zwischen die beiden setzen konnte.

Die Fahrt ging weiter, schließlich fehlten Pauline noch 22 Buchstaben. Sie fuhr vergnügt an dem kleinen Fluss entlang, welcher genau wie die Schienen eine kleine Kurve machte, kam vorbei an einem Bauernhof, pfiff den Kühen auf der Weide zu und sah in der Ferne auch schon das E, das F und das G an der nächsten Station stehen.

Die kleine Dampflok kam zum Halten und die Buchstaben stiegen ein: Das E hatte es besonders eilig einzusteigen und drängelte sich vor. „Der Fensterplatz ist aber für mich", rief das F dem E wütend hinterher.

Das G war dagegen gut gelaunt und ließ sich durch nichts aus der Ruhe bringen. Ganz gemächlich stieg es in den Waggon und suchte sich einen Platz. Nun waren schon sieben Buchstaben an Bord: A, B, C, D, E, F und G.

Paul, der blaue Waggon, wollte gerade seine Waggontür schließen, da hörte er jemanden rufen. Es war das **H**. „Halt, halt", rief das **H**, „ich möchte auch noch mit – und auf das **I** musst du auch noch warten."

„Kein Problem", sagte Pauline. „Lasst euch Zeit. Wir fahren nicht ohne euch los." Dann erreichten auch das **H** und das **I** den Zug und hüpften hinein.

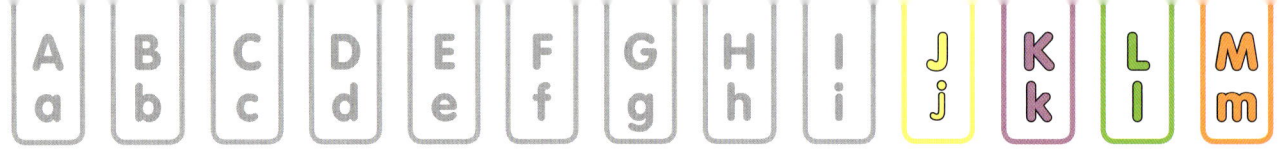

Und schon ging die Fahrt weiter. Pauline sammelte das J, das K, das L und auch noch das M ein. Und dann war der erste Waggon voll. Alle 13 Plätze waren bei Paul besetzt. „So", sagte Paul, „mehr Buchstaben passen bei mir nicht rein. Bei der nächsten Station musst du deine Türen öffnen, Paula."

„Na endlich", erwiderte Paula, „ ich dachte schon, ich bekomme heute gar nichts mehr zu tun."

Hocherfreut öffnete sie an der nächsten Station ihre Türen: „Bitte alle einsteigen", rief sie den Buchstaben zu und verfolgte mit Spannung, welche Buchstaben bei ihr mitfuhren. Sie erkannte das O an seiner runden Form, das Q an seinem Schwänzchen und das S, weil es aussah wie eine Schlange. Außerdem stiegen noch das N, das P und das R ein.

Jetzt fehlten nur noch sieben Buchstaben, bis sie endlich ihre Fahrt zum Meer antreten konnten. Aber gerade als Pauline wieder anfahren wollte, gab es einen lauten Knall.

„Was war das denn?" fragten die Buchstaben erschrocken. „Ich kann nicht mehr losfahren", irgendetwas scheint kaputt zu sein", sagte Pauline.

„Eine Panne", freute sich das P. „Wir haben eine Panne."
„Wie aufregend", rief das A.

Wie gut, dass das M bereits an Bord war, denn das M war ein guter Mechaniker. Es stieg aus und bat Pauline, den Kessel zu öffnen. „Mmh", sagte das M, „du hast Glück gehabt, das ist keine Panne, da ist nur eine Schraube locker."

Das M zog die Schraube mit dem Maulschlüssel nach, schloss den Kessel wieder und blickte zufrieden zu Pauline. „So, das hätten wir. Unsere Reise kann weitergehen." Nun musste sich Pauline aber beeilen, denn durch die ungeplante Pause hatte sie ein bisschen Zeit verloren.

Der letzte Bahnhof, an dem Pauline hielt, war auch der größte, den sie je gesehen hatte. Hier standen viele Fahrgäste auf verschiedenen Bahnsteigen und warteten auf ihre Züge. Pauline musste ganz rechts auf dem Gleis für Sonderfahrten einfahren.

Auch der kleine rote Waggon Paula hatte zuvor nie einen so großen Bahnhof gesehen und blickte sich interessiert um.

Dabei vergaß sie, ihre Türen zu öffnen. Und da klopfte es auch schon. „Auf-ma-chen", riefen T, U, V und W im Chor.

„Entschuldigung", sagte Paula und öffnete schnell ihre Türen, sodass die Buchstaben einsteigen konnten. Zum Schluss bestiegen X, Y und Z den Zug und belegten, wie auch im Alphabet, die letzten drei freien Plätze.

Pauline war zufrieden. Nun hatte sie alle 26 Buchstaben an Bord des Zuges. Die ersten 13 Buchstaben des Alphabetes saßen in der richtigen Reihenfolge bei Paul im Waggon, die anderen 13 Buchstaben bei Paula. Nun konnten sie endlich zum Meer fahren.

Die Buchstaben freuten sich, dass Pauline über die Wiesen und durch die Wälder brauste und ab und zu mal tutete, nur das V sah gar nicht vergnügt aus. „Was ist mit dir?", fragte das W.

„Ich würde lieber vorwärts fahren. Rückwärts fahren mag ich nicht." „Ich tausche gern mit dir", sagte das R schnell, „ich fahre sowieso viel lieber rückwärts."

Gerade als die Buchstaben die Plätze getauscht hatten, bremste Pauline. Und zwar so stark, dass die Buchstaben in Paulas Waggon alle durcheinander wirbelten. Erschrocken standen sie wieder auf und blickten aus dem Fenster.

„Was ist denn nun los?" fragte das W. „Ich glaube, wir haben wieder eine Panne", antwortete das P begeistert.

„Nein", rief Pauline, „wir haben keine Panne. Der Weg gabelt sich hier und die Weiche ist nicht richtig gestellt."

„Oh nein", riefen die Buchstaben traurig und dem T kullerte eine Träne übers Gesicht. „Jetzt können wir nicht mehr ans Meer fahren." Aber da hatte Pauline schon eine gute Idee: „Ist hier jemand in diesem Zug, der eine Weiche stellen kann?"

„Ja", rief das W, „das kann ich, ich bin nämlich der beste Weichensteller der Welt." Das W wackelte aus dem Waggon und stellte sogleich die Weiche.

Dann stieg es wieder ein und die anderen Buchstaben freuten sich. „Toll", rief das T, „das hast du toll gemacht und trocknete seine Tränen."

Nun war es auch gar nicht mehr weit. Sie mussten nur noch durch einen großen Tunnel fahren. Pauline machte ihr Licht an und lenkte die beiden Waggons sicher durch den Tunnel. Kurze Zeit später konnte sie schon das blaue Meer am Horizont erkennen.

PAULINE

Die Sonne stand schon tief, als sie aus dem Tunnel kamen, denn es war bereits Abend geworden.

Das S reckte den Kopf aus dem Fenster und sah sich den schönen Sonnen-untergang an. Es sah fast so aus, als würde die Sonne gleich ins Meer fallen.

Am Meer gab es nur einen kleinen Sackbahnhof, in den Pauline einfuhr. Sie machte das Feuer unter dem Kessel aus und bat Paul und Paula, ihre Türen zu öffnen.

Fröhlich sprangen die Buchstaben aus den Waggons. Erst das **A**, dann das **B** und das **C**, gefolgt von **D**, **E** und **F**. Dann kamen das **G** und das **H**, die dem **I** freundlich aus dem Waggon halfen.

J, **K**, und **L** sprangen schnell hinterher und auch das **M** und das **N** machten es ihnen nach. Das **O** rollte sich wie ein Ball einfach über die Stufen heraus. Dann waren **P**, **Q** und **R** dran.

Das **S** schaukelte ein bisschen hin und her und bat das **T** und das **U**, es aufzufangen. Zum Schluss stiegen **V**, **W**, **X**, **Y** und **Z** aus dem Zug und das **Z** rief: „Zauberhaft, es ist ganz zauberhaft hier."

Während sich die Buchstaben laut plappernd auf den Weg in ihr Hotel machten, drehte sich Pauline zu Paul und Paula um. „Hier hinter der Kurve ist ein alter Lokschuppen", sage Pauline, dort können wir übernachten. Meint ihr, wir schaffen das?" „Klar", gähnte Paula, „das schaffen wir jetzt auch noch."

Pauline nahm ihre letzte Kraft zusammen und schob die Waggons ein Stück zurück bis zur Weiche. Dann koppelte sie Paul und Paula ab und machte es sich im Lokschuppen bequem. „Das war wirklich ein schöner Tag", sagte Pauline zu ihren Freunden. Aber da merkte sie, dass die beiden schon fast eingeschlafen waren.

„Schlaft gut", flüsterte Pauline, und stellte sich glücklich auf ihren eigenen Platz. Wer weiß, dachte sie, vielleicht fahren wir das nächste Mal die Zahlen. Pauline zählte die Waggons, die sie brauchen würde, um alle Zahlen mitzunehmen, aber dann fielen ihr vom vielen Zählen auch schon die Augen zu.